永不落架的全球儿童

伊索寓言

原著/［古希腊］伊索　　编选/申丽

新疆青少年出版社

前言

小朋友们，你们可以选择一个最舒服的姿势——坐在地毯上，窝在沙发中，趴在桌子上，甚至是钻到床底下——来听童话故事老人讲世界上最最好听的故事啦！

谁是童话故事老人？他长得什么模样？

他呀，是一个永远拥有孩子心的时光老人！他的鼻子是红扑扑的，像醉汉的酒糟鼻；他的眼睛是蓝色的，像星空一样，闪烁着天真而又深邃的光芒；他的脸庞也是红彤彤的，像秋天里第一颗熟透了的苹果。最神奇的是他的脑袋，大大的，里面装满了数不清的童话故事！

这些故事里有装在礼物盒子里的锡兵，有坐在礁石上的美人鱼，有带着丝绒帽的小红帽，有拿着魔镜的坏王后，有敢和兔子赛跑的乌龟，有骗走乌鸦嘴里肉的狡猾狐狸，有一擦就有巨人奴仆出现的神灯，还有会飞的木马……

他讲啊讲啊，从暖春讲到了盛夏，从盛夏讲到了金秋，从金秋讲到了严冬，又从严冬讲到了暖春……就这样不停地讲啊讲，一直讲到小孩子都长成了大人，大人变成了老人，老人们一边回味着像蜂蜜一样甜美的童话，一边再把同样的故事讲给他们的孙子、孙女听……

这些美丽的童话故事就像夜空里的萤火虫，忽闪忽闪的，一会儿飞到东，一会儿飞到西，于是我们拿着一张故事网，将它们全都搜集在一起，变成了这套《永不落架的全球儿童文学经典》。在此，把它献给世界上最美好的孩子们！

图书在版编目(CIP)数据

伊索寓言／申丽编选；邓俊丽绘.—乌鲁木齐：新疆青少年出版社，2008.12
(永不落架的全球儿童文学经典)
ISBN 978-7-5371-6342-2

Ⅰ.伊… Ⅱ.①申… ②邓… Ⅲ.图画故事—中国—当代
Ⅳ.I287.8

中国版本图书馆 CIP 数据核字(2008)第 193856 号

出 版 人：徐 江
策　　划：张铎耀 罗前进
责任编辑：骆 娟 吾荣娜
责任校对：申 丽
封面设计：罗前进
版式设计：余 宁
插　　图：谢 晶

永不落架的全球儿童文学经典

伊索寓言

出　版：新疆青少年出版社
社　址：乌鲁木齐市胜利路二巷1号　　邮政编码：830049
电　话：0991-2300400(编辑部)　　0991-2864403(发行部)
网　址：http://www.qingshao.net
发　行：各地新华书店
印　刷：襄樊飞日彩印有限公司
开　本：889×1194mm 1/24　　版　次：2009年1月第1版
印　张：8　　印　次：2009年1月第1次印刷
字　数：140千字　　印　数：1—10000
书　号：ISBN 978-7-5371-6342-2
定　价：18.00元

目 录

CONTENTS

CONTENTS

龟兔赛跑

sēn lín li tù zi hé wū guī zài
森林里，兔子和乌龟在
yì tiáo xiǎo lù shang xiāng yù tù zi yí
一条小路上相遇。兔子一
kàn dào wū guī jiù cháo xiào qǐ lái hā
看到乌龟就嘲笑起来：“哈
ha nǐ de tuǐ zěn me nà me duǎn a
哈，你的腿怎么那么短啊？
wǒ zhēn tì nǐ nán guò o
我真替你难过哦！”

wū guī qì de zhàng hóng zhe liǎn
乌龟气得涨红着脸
shuō suī rán nǐ de tuǐ bǐ wǒ
说：“虽然你的腿比我
cháng kě shì rú guǒ bǐ sài pǎo bù
长，可是如果比赛跑步
de huà hái bù yí dìng shéi yíng shéi ne
的话，还不一定谁赢谁呢！”

zhè shí hóu dà gē zhèng qiǎo cóng
这时，猴大哥正巧从
zhè li jīng guò tā jiàn yì ràng pǎo
这里经过，他建议让跑
de zuì kuài de tù zi hé zǒu lù zǒng
得最快的兔子和走路总
shì màn man tēng tēng de wū guī lái yì
是慢慢腾腾的乌龟来一
chǎng sài pǎo méi wèn tí tù
场赛跑。“没问题！”兔
zi ào màn de dā ying dào
子傲慢地答应道。

dì èr tiān yì zǎo hóu dà gē jiù tiē chū
第二天一早，猴大哥就贴出
le yì zhāng guī tù sài pǎo de dà hǎi bào
了一张“龟兔赛跑”的大海报，
xiǎo dòng wù men dōu fēn fēn pǎo guò lái kàn rè nao
小动物们都纷纷跑过来看热闹。

bǐ sài jiù yào kāi shǐ le wū guī rèn zhēn
比赛就要开始了，乌龟认真
de zuò zhe rè shēn yùn dòng tù zi ne jiáo zhe
地做着热身运动。兔子呢，嚼着
kǒu xiāng táng hái bú duàn de xiàng guān zhòng huī shǒu shì
口香糖，还不断地向观众挥手示
yì yí fù yáng yáng dé yì de yàng zi
意，一副扬扬得意的样子。

一出发，兔子像离弦的箭一样飞奔出去，一眨眼的工夫就冲到了半山腰。乌龟可惨了，一步一步慢慢地爬着，才刚刚爬过起跑线呢。

tù zi yǐ jīng pǎo dào lù chéng de yí bàn bǎ wū
兔子已经跑到路程的一半，把乌
guī yuǎn yuǎn de pāo zài le hòu miàn xīn xiǎng zhè wū guī
龟远远地抛在了后面，心想：“这乌龟
pá de tài màn le wǒ xiān shuì gè jiào yě bù chí a
爬得太慢了，我先睡个觉也不迟啊！”
yú shì tù zi jiù tǎng zài cǎo cóng li shuì zháo le
于是兔子就躺在草丛里睡着了。

wū guī dòng zuò suī màn kě shì tā
乌龟动作虽慢，可是他
rèn zhēn wán qiáng yì diǎn er yě bù sōng
认真顽强，一点儿也不松
xiè yí bù bù xiàng qián pá zhe pá
懈，一步步向前爬着。爬
a pá a zhōng yú kuài jiē jìn zhōng diǎn le
啊，爬啊，终于快接近终点了。
yán tú de guān zhòng rěn bú zhù wèi jiān
沿途的观众忍不住为坚
qiáng de wū guī dì di hè cǎi kuài kuài
强的乌龟弟弟喝彩，“快快
kuài wū guī dì di
快！”“乌龟弟弟，
jiā yóu jiā yóu
加油，加油……”

zhèn tiān de hǎn shēng bǎ tù zi cóng
震天的喊声把兔子从
shuì mèng zhōng jīng xǐng le tā pá qǐ
睡梦中惊醒了。他爬起
lái pīn mìng xiàng shān dǐng bèn qù kě
来，拼命向山顶奔去，可
shì yǐ jīng tài chí le xiǎo lù yǐ jīng
是已经太迟了。小鹿已经
bǎ shèng lì de huā huán tào zài le wū guī
把胜利的花环套在了乌龟
de bó zi shang le
的脖子上了。

乌鸦喝水

yán yán xià rì huǒ rè de tài yáng bǎ xiǎo hé
炎炎夏日，火热的太阳把小河、
chí táng li de shuǐ dōu gěi zhēng gān le yì zhī wū yā
池塘里的水都给蒸干了。一只乌鸦
kǒu kě jí le dào chù zhǎo shuǐ hē
口渴极了，到处找水喝。

fēi zhe fēi zhe tā fā xiàn bù yuǎn
飞着飞着，他发现不远
chù yǒu gè dà shuǐ guàn lǐ miàn zhuāng zhe bàn
处有个大水罐，里面装着半
guàn shuǐ wū yā gāo xìng jí le zhǔn bèi
罐水。乌鸦高兴极了，准备
fēi guò qù hē gè tòng kuài
飞过去，喝个痛快。

kě shì guàn li de shuǐ tài shēn guàn kǒu yòu tài xiǎo wū yā zěn
可是罐里的水太深，罐口又太小，乌鸦怎
me yě gòu bú dào píng li de shuǐ zhè kě zěn me bàn ne wū yā
么也够不到瓶里的水。这可怎么办呢？乌鸦
xiǎng bǎ shuǐ guàn nòng dǎo zhè yàng shuǐ liú chū lái jiù kě yǐ hē dào le
想：把水罐弄倒，这样水流出来就可以喝到了。

kě shì wū yā tuī le bàn tiān shuǐ guàn réng wén sī bú dòng
可是，乌鸦推了半天，水罐仍纹丝不动。
wū yā yí qì zhī xià cóng bù yuǎn chù diāo lái yí kuài shí tou cháo shuǐ
乌鸦一气之下，从不远处叼来一块石头朝水
guàn zá guò qù kě méi yǒu zá zhòng
罐砸过去，可没有砸中。

wū yā yòu rēng le yí
乌鸦又扔了一
kuài shí tou guò qù pū tōng
块石头过去，“扑通
shí tou zhèng hǎo luò rù
——”石头正好落入
guàn zhōng zhè shí xì xīn
罐中。这时，细心
yòu cōng míng de wū yā fā xiàn
又聪明的乌鸦发现，
shuǐ guàn de shuǐ wèi bǐ yuán lái
水罐的水位比原来
gāo le yì xiē
高了一些。

tài hǎo le zhè xià
“太好了，这下
kě yǐ hē dào shuǐ la
可以喝到水啦！”
tā lì kè xián lái xǔ duō xiǎo
他立刻衔来许多小
shí tou tóu jìn shuǐ guàn li
石头，投进水罐里，
shuǐ wèi zhú jiàn shēng gāo le
水位逐渐升高了。

màn mān de shuǐ guàn de shuǐ yì chū
慢慢地，水罐的水溢出
lái le wū yā zhàn zài shuǐ guàn kǒu hē
来了，乌鸦站在水罐口，喝
de duō me shū fu a
得多么舒服啊！

吹箫的渔夫

yí gè yú
一个渔
fū bēi zhe yú wǎng
夫背着渔网
lái dào dà hǎi biān
来到大海边
dǎ yú miàn duì
打鱼。面对
máng máng dà hǎi
茫茫大海，
yú fū xiǎng hǎi
渔夫想：海
zhè me dà wǒ
这么大，我
gāi xiàng nǎ li sā
该向哪里撒
wǎng cái hǎo ne
网才好呢？

yú fū zhèng zài yóu yù zhe tū rán tā xiǎng
渔夫正在犹豫着，突然，他想
qǐ le bié zài yāo jiān de nà guǎn xiāo jiù zì yán
起了别在腰间的那管箫，就自言
zì yǔ de shuō shì de yú er tīng jiàn měi miào
自语地说：“是的，鱼儿听见美妙
de yīn yuè yí dìng huì fú chū shuǐ miàn de
的音乐一定会浮出水面的。”

yú shì tā bǎ wǎng fàng zài yì biān tāo chū
于是，他把网放在一边，掏出
xiāo chuī le qǐ lái wǒ zhēn shì gè cōng míng rén
箫吹了起来。“我真是个聪明人，
yě zhǐ yǒu wǒ cái néng xiǎng chū zhè me hǎo de bàn fǎ
也只有我才能想出这么好的办法
lái shuō zhe tā chuī de gèng yòng xīn le
来。”说着，他吹得更用心了。

yú fū de xiāo chuī de què shí bú cuò lián
渔夫的箫吹得确实不错，连
hǎi biān shā tān shang jiǎn bèi ké de hái zi dōu bèi zhè
海边沙滩上捡贝壳的孩子都被这
yōu yáng de xiāo shēng gěi xī yǐn guò lái le
悠扬的箫声给吸引过来了。

yú fū jiàn cǐ qíng jǐng chuī de gèng jiā mài lì le kě shì chuī le hǎo jiǔ hǎi
渔夫见此情景，吹得更加卖力了。可是吹了好久，海
miànshang yì diǎn dòng jing yě méi yǒu yú fū shēng qì le jiù bǎ xiāo bié zài yāo li
面上一点动静也没有。渔夫生气了，就把箫别在腰里，
huā lā yì shēng bǎ wǎng sā le chū qù
“哗啦”一声把网撒了出去。

méi xiǎng dào yì wǎng lā shàng lái hái zhēn dǎ dào bù
没想到，一网拉上来，还真打到不
shǎo yú tā gāo xìng jí le dàn kàn dào yú er yí gè
少鱼。他高兴极了，但看到鱼儿一个
jìn de luàn tiào tā yòu yǒu xiē bù jiě le
劲地乱跳，他又有些不解了。

tā duì zhè xiē yú shuō nǐ men zhè xiē bù tīng huà
他对这些鱼说：“你们这些不听话
de xiǎo dōng xi wǒ chuī shí nǐ men yí dòng bú dòng wǒ
的小东西，我吹时，你们一动不动；我
bù chuī le nǐ men què huó bèng luàn tiào de nǐ men zhēn
不吹了，你们却活蹦乱跳的。你们真
bù dǒng yīn yuè ya
不懂音乐呀！”

狼来了

cóng qián zài běi fāng de yí gè xiǎo cūn zhuāng li zhù zhe yí gè fàng yáng wá fàng
从前，在北方的一个小村庄里，住着一个放羊娃。放
yáng wá nián jì xiǎo měi tiān zuò de shì jiù shì bǎ yáng gǎn dào duì miàn shān shang qù chī cǎo
羊娃年纪小，每天做的事就是把羊赶到对面山上去吃草。

yì tiān tā xiàng wǎng cháng yí yàng bǎ yáng qún gǎn shàng shān qù fàng
一天，他像往常一样把羊群赶上山去放
mù yáng er zài shān pō shang chī cǎo tā zì jǐ tǎng zài dì shang kàn
牧，羊儿在山坡上吃草，他自己躺在地上，看
kan yáng er yòu kàn kan lán tiān
看羊儿，又看看蓝天、
bái yún zhí fā dāi
白云直发呆。

实在是很无聊，他决定想个主意来捉弄人。于是他朝着山下干农活的人们大声喊："狼来了，狼来了……"

大家正在田地里忙碌，听他这么一喊，都放下农活，扛起锄头、铁锹来到孩子面前，问道："狼在哪里？快带我们去吧！"

fàng yáng wá kàn dào dà jiā dōu shàngdàng
放羊娃看到大家都上当
le kāi xīn de hā hā dà xiào shuō
了，开心得哈哈大笑，说：
hā hā hā nǐ men dōu shàngdàng le nǎ
“哈哈哈！你们都上当了，哪
li yǒu shén me dà huī láng wǒ shì kàn nǐ
里有什么大灰狼，我是看你
men huì bu huì zhēn de pǎo shàng lái
们会不会真的跑上来。”

shòu piàn de nóng mín qì de shuō bù chū huà
受骗的农民气得说不出话
lái zhǐ hǎo wú nài de xià shān qù le dì
来，只好无奈地下山去了。第
èr tiān fàng yáng wá yòu zài shān shang
二天，放羊娃又在山上
hǎn kuài lái rén a láng lái
喊：“快来人啊！狼来
le zhè cì shì zhēn de
了，这次是真的。”

rén men xiāng xìn le dài shàng lián dāo chú
人们相信了，带上镰刀、锄
tou tiě qiāo yòu chōng shàng shān lái kě shì
头、铁锹又冲上山来。可是，
nǎ yǒu dà huī láng de yǐng zi ne yáng er dōu
哪有大灰狼的影子呢？羊儿都
zài hǎo hāo de chī cǎo ne dà jiā míng bai yòu
在好好地吃草呢！大家明白又
shàng le fàng yáng wá de dàng le
上了放羊娃的当了。

dì sān tiān fàng yáng wá réng rán zài shān
第三天，放羊娃仍然在山
pō shang fàng yáng yì zhī jī è de láng tū rán
坡上放羊。一只饥饿的狼突然
cuān rù yáng qún zhāng kāi xuè pén dà kǒu dà
蹿入羊群，张开血盆大口，大
sì de yǎo shā
肆地咬杀。

fàng yáng wá zháo jí le duì zhe shān xià de nóng mín pīn mìng de hū
放羊娃着急了，对着山下的农民拼命地呼
hǎn láng lái le láng zhēn de lái le shān xià de nóng mín rèn wéi
喊：“狼来了，狼真的来了！”山下的农民认为
tā yòu zài shuō huǎng zài yě bù lǐ tā le jié guǒ ne
他又在说谎，再也不理他了。结果呢，
yáng dōu bèi láng chī diào le yào bú shì fàng yáng wá pǎo de
羊都被狼吃掉了，要不是放羊娃跑得
kuài xiǎn xiē lián zì jǐ yě bèi láng chī diào le
快，险些连自己也被狼吃掉了。

农夫与蛇

严寒的冬天，农夫冒着风雪外出办事。直到中午，他还没吃一点东西，肚子饿得“咕噜”直叫。

nóng fū zài lù biān zuò le xià lái cóng huái
农夫在路边坐了下来，从怀
li tāo chū gān liáng dà kǒu dà kǒu de chī qǐ lái
里掏出干粮，大口大口地吃起来。
tū rán tā fā xiàn shēn biān yǒu yì tiáo dòng jiāng le de shé
突然，他发现身边有一条冻僵了的蛇。

nóng fū qǐ le lián mǐn zhī xīn xiǎng zhe zěn me shuō zhè yě shì yì tiáo shēng mìng
农夫起了怜悯之心，想着：怎么说这也是一条生命
a yú shì nóng fū bǎ shé jiǎn qǐ lái fàng zài huái li xiǎng yòng shēn tǐ gěi shé yì
啊。于是，农夫把蛇捡起来，放在怀里，想用身体给蛇一
diǎn wēn nuǎn
点温暖。

nóng fū chī wán hòu jì xù gǎn lù zǒu le yí zhèn zi nà shé měng de dòng le
农夫吃完后继续赶路，走了一阵子，那蛇猛地动了
qǐ lái jiē zhe jiù xiàng nóng fū wēn nuǎn de xiōng táng hěn hěn de yǎo le yì kǒu
起来，接着就向农夫温暖的胸膛狠狠地咬了一口。

wā nóng fū tòng de yūn dǎo zài dì shé dú hěn kuài qīn rù le nóng fū de
“哇！”农夫痛得晕倒在地。蛇毒很快侵入了农夫的
xuè yè nóng fū jiù zhè yàng sǐ qù le
血液，农夫就这样死去了。

老鼠开会

yóu dēng xià yì qún lǎo shǔ zhèng jù jí zài yì
油灯下，一群老鼠正聚集在一
qǐ kāi huì yīn wéi jīng cháng bèi māo zhuī gǎn de dōng
起开会。因为经常被猫追赶得东
bēn xī pǎo lǎo shǔ men gǎn dào hěn kǔ nǎo
奔西跑，老鼠们感到很苦恼。

lǎo shǔ men jī jī jī de xiǎo shēngshāng
老鼠们“叽叽叽”地小声商
liang zhe duì fu māo de hǎo bàn fǎ yí wèi lǎo
量着对付猫的好办法。一位老
shǔ yé ye cóng qiáng jiǎo pá chū lái ké sou yì
鼠爷爷从墙角爬出来，咳嗽一
shēng shuō yán jiū
声，说：“研究
dà huì xiàn zài kāi shǐ
大会现在开始！”

lǎo shǔ men zhēng xiān kǒng hòu de fā yán
老鼠们争先恐后地发言，
kě shì guò le bàn tiān tā men de zhǔ yi
可是过了半天，他们的主意
dōu yīn gè zhǒng yuán yīn bèi yī yī fǒu jué le
都因各种原因被一一否决了。

zhè shí yì zhī xiǎo lǎo shǔ zì gào
这时，一只小老鼠自告
fèn yǒng de shuō wǒ yǒu gè hǎo bàn fǎ
奋勇地说：“我有个好办法，
wǒ men zài māo bó zi shang guà gè líng dang
我们在猫脖子上挂个铃铛，
zhǐ yào tīng dào líng xiǎng wǒ men jiù gǎn jǐn
只要听到铃响，我们就赶紧
pǎo huí dòng li
跑回洞里！”

hǎo bàn fǎ　miào jí le　qí yú de
“好办法！”“妙极了！”其余的
lǎo shǔ dōu pāi shǒu jiào hǎo　bìng qiě yí zhì tōng guò
老鼠都拍手叫好，并且一致通过。
yǒu yì zhī nián lǎo de lǎo shǔ màn téng téng de tí chū
有一只年老的老鼠慢腾腾地提出
le yí wèn　nà shéi qù gěi māo guà líng dang ne
了疑问：“那谁去给猫挂铃铛呢？”

dà jiā dùn shí chén mò le méi yǒu yì zhī lǎo shǔ
大家顿时沉默了，没有一只老鼠
yuàn yì qù guà líng dang
愿意去挂铃铛。

漂亮的乌鸦

一天，宙斯降临到森林中，宣布说：“明天这个时候，所有的鸟儿都到这儿来，我将选一只漂亮的鸟来做统领百鸟的鸟王。”

tīng dào zhè ge xiāo xi suǒ yǒu de niǎo er dōu fēi dào le
听到这个消息，所有的鸟儿都飞到了
xiǎo hé biān duì zhe hé miàn zhěng lǐ zì jǐ de yǔ máo yòng xīn
小河边，对着河面整理自己的羽毛，用心
de dǎ ban qǐ lái
地打扮起来。

tiān shēng chǒu lòu de wū yā dāi dāi de zhàn zài yì páng guān
天生丑陋的乌鸦呆呆地站在一旁观
kàn zhe tū rán tā kàn dào qún niǎo luò zài dì shang de yǔ
看着。突然，他看到群鸟落在地上的羽
máo dùn shí yǒu le zhǔ yi
毛，顿时有了主意。

děng niǎo er dōu sàn qù
等鸟儿都散去
le wū yā bǎ dì shang wǔ
了，乌鸦把地上五
yán liù sè de yǔ máo jiǎn qǐ
颜六色的羽毛捡起
lái chā zài zì jǐ shēnshang
来，插在自己身上，
jīng guò yì fān dǎ
经过一番打
ban wū yā guǒ rán
扮，乌鸦果然
biàn de piào liang le
变得漂亮了。

dì èr tiān bǎi niǎo men dōu
第二天，百鸟们都
jù jí dào zhòu sī miàn qián zhòu
聚集到宙斯面前。宙
sī yì yǎn jiù kàn dào le piào liang
斯一眼就看到了漂亮
de wū yā zhǔn bèi ràng tā lái
的乌鸦，准备让他来
zuò niǎo wáng
做鸟王。

fèn nù de niǎo er men nǐ yì kǒu
愤怒的鸟儿们你一口，
wǒ yì kǒu xiàng wū yā zhuó le guò qù
我一口向乌鸦啄了过去。
wū yā shēn shang de yǔ máo quán dōu diào le
乌鸦身上的羽毛全都掉了
xià lái lù chū le yuán xíng
下来，露出了原形。

wū yā yí xià zi jiù biàn de yòu hēi yòu
乌鸦一下子就变得又黑又
chǒu zì rán shì dāng bù liǎo niǎo wáng le zhòu sī
丑，自然是当不了鸟王了。宙斯
duì wū yā shuō yào jì zhù zhēn de cái shì
对乌鸦说：“要记住，真的才是
zuì měi de
最美的！”

盐贩和他的毛驴

cóng qián yǒu yì tóu lǘ zi měi tiān dōu gěi yán fàn gàn fán zhòng de
从前有一头驴子，每天都给盐贩干繁重的
huó er què chī de shǎo ér qiě sì liào yě bù hé kǒu wèi lǘ zi
活儿，却吃得少，而且饲料也不合口味，驴子
gǎn dào hěn tòng kǔ
感到很痛苦。

yì tiān yán fàn gǎn zhe tā de xiǎo máo lǘ
一天，盐贩赶着他的小毛驴
qù hǎi biān fàn yán huí jiā de shí hou tāng guò yì
去海边贩盐，回家的时候蹚过一
tiáo xiǎo hé hé dǐ de ní hěn huá xiǎo máo lǘ
条小河，河底的泥很滑，小毛驴
bù xiǎo xīn shuāi le yì jiāo
不小心摔了一跤。

xiǎo máo lǘ zhēng zhá le hǎo yí huì er zhàn qǐ lái shí tū rán jué de bèi shang
小毛驴挣扎了好一会儿，站起来时，突然觉得背上
de yán dài yí xià zi qīng le hěn duō yuán lái yán dōu róng dào shuǐ li le tā dùn shí
的盐袋一下子轻了很多。原来盐都融到水里了，它顿时
xīn li yǒu le zhǔ yi
心里有了主意。

dì èr tiān xiǎo máo lǘ zài zhe yán lù guò xiǎo hé shí tā jiù gù yì
第二天，小毛驴载着盐路过小河时，它就故意
shuāi le yì jiāo bèi shang de yán dài guǒ rán yòu qīng le hěn duō
摔了一跤，背上的盐袋果然又轻了很多。

xiǎo máo lǘ jué de zì jǐ tài cōng míng le yì xiǎng dào yǐ
小毛驴觉得自己太聪明了，一想到以
hòu dōu kě yǐ yòng zhè zhǒng fāng fǎ qīng sōng de huí jiā fēi cháng dé yì
后都可以用这种方法轻松地回家，非常得意。
yán fàn gǎn dào hěn qí guài zěn me xiǎo máo lǘ zuì jìn zǒu
盐贩感到很奇怪，怎么小毛驴最近走
lù zǒng shuāi jiāo zǐ xì yì xiǎng nóng fū míng bai le yú shì
路总摔跤，仔细一想，农夫明白了。于是
zhè cì tā ràng xiǎo máo lǘ bēi le yì mǎn
这次他让小毛驴背了一满
dài de hǎi mián
袋的海绵。

lù shang xiǎo máo lǘ zài xiǎo hé li zhào lì shuāi le yì jiāo chóng xīn zhàn qǐ lái
路上，小毛驴在小河里照例摔了一跤。重新站起来
shí yīn wèi bèi shang dài zi li de hǎi mián xī bǎo le shuǐ tā jiù gǎn dào hǎo xiàng bēi
时，因为背上袋子里的海绵吸饱了水，它就感到好像背
le zhuān tou yí yàng chén jǐ bèi dōu yào bèi yā duàn le hǎo bù róng yì cái huí dào jiā
了砖头一样沉，脊背都要被压断了，好不容易才回到家。

强盗和他的母亲

zhèn shang zhù zhe yí hù mǔ zǐ liǎ yīn
镇上住着一户母子俩，因
wèi hái zi de fù qīn zǎo shì mǔ zǐ liǎng rén
为孩子的父亲早逝，母子两人
kào zhe jǐn cún de yì diǎn jiā chǎn guò zhe
靠着仅存的一点家产过着
píng dàn de rì zi
平淡的日子。

yì tiān hái zi fàng xué hòu huānghuāngzhāngzhāng de pǎo huí lái mā ma jué de hěn
一天，孩子放学后慌慌张张地跑回来。妈妈觉得很
qí guài máng lā zhe ér zi wèn chū shén me shì le yǒu rén qī fu nǐ ma
奇怪，忙拉着儿子问：“出什么事了？有人欺负你吗？”

hái zi bù gǎn zhèng shì mā ma de yǎn jing tūn tūn tǔ tǔ de shuō mā ma
孩子不敢正视妈妈的眼睛，吞吞吐吐地说：“妈妈，
wǒ kàn dào tóng zhuō de xiě zì bǎn hǎo piào liang wǒ chèn tā zǒu kāi shí zhuāng jìn le wǒ
我看到同桌的写字板好漂亮，我趁他走开时，装进了我
de bāo li
的包里。”

mā ma xiào zhe shuō nà ràng mā ma
妈妈笑着说："那让妈妈
kàn kan nǐ ná huí lái de xiě zì bǎn hái
看看你拿回来的写字板。"孩
zi tāo chū xiě zì bǎn mā ma kàn le kuā
子掏出写字板，妈妈看了，夸
jiǎng shuō wǒ de hǎo hái zi nǐ xiàn zài
奖说："我的好孩子，你现在
yōng yǒu yí kuài piào liang de xiě zì bǎn le
拥有一块漂亮的写字板了。"

mā ma nǐ bú guài wǒ ma
"妈妈，你不怪我吗？
wǒ tōu le bié ren de dōng xi hái
我偷了别人的东西。"孩
zi tái tóu wàng zhe mā ma guāi hái
子抬头望着妈妈。"乖孩
zi yǒu zhè me piào liang de xiě zì
子，有这么漂亮的写字
bǎn wǒ zěn me huì guài nǐ ne
板，我怎么会怪你呢！"

说着，妈妈牵着孩子吃饭去了。过了一星期，孩子从外面带回来一件漂亮的裙子送给妈妈。妈妈穿着刚合身，还夸孩子能干呢。

日子一天天过去了，孩子渐渐长大，他由小偷小摸到大盗，干尽了坏事。直到有一天他跑去银行抢劫，被判了死刑。

ér zi bèi yā sòng dào
儿子被押送到
xíng chǎng lín sǐ shí tā yāo
刑场，临死时他要
qiú zài jiàn yi jiàn mǔ qīn
求再见一见母亲。
mǔ qīn zǒu lái le ér zi
母亲走来了，儿子
měng de còu dào mǔ qīn shēn
猛地凑到母亲身
biān yì kǒu bǎ mǔ qīn de
边，一口把母亲的
ěr duo yǎo le xià lái
耳朵咬了下来。

tā hèn hèn de shuō　　dāng chū wǒ tōu xiě zì
他恨恨地说："当初我偷写字
bǎn de shí hou　nǐ wèi shén me bù dǎ wǒ　mà
板的时候，你为什么不打我、骂
wǒ　xiàn zài wǒ yǐ jīng wú fǎ huí tóu le　zhè quán
我？现在我已经无法回头了，这全
dōu shì nǐ de cuò
都是你的错。"

狐狸和鹤

yì tiān hú
一天，狐
li bān le xīn jiā
狸搬了新家，
yí qiè bù zhì tuǒ dang
一切布置妥当
hòu jiù qǐng hè lái
后，就请鹤来
jiā li zuò kè
家里做客。

鹤一大早就来到狐狸家。“鹤老弟，你难得来我家做客，招待不周啊！”狐狸高兴地把鹤迎进屋子。

hè kàn jiàn zhuō zi shang zhǐ bǎi
鹤看见桌子上只摆
zhe qiǎn qiǎn de yì dié dòu zi tāng
着浅浅的一碟豆子汤，
zài yě méi yǒu qí tā dōng xi bù
再也没有其他东西，不
yóu de zhòu qǐ le méi tóu
由得皱起了眉头。

hú li sān kǒu liǎng kǒu bǎ tāng
狐狸三口两口把汤
tiǎn le gè jīng guāng xiào xī xī de
舔了个精光，笑嘻嘻地
kàn zhe hè shuō āi yā nǐ wèi
看着鹤说：“哎呀，你为
shén me bù hē ya kě shì
什么不喝呀？”可是，
hè de zuǐ yòu jiān yòu cháng duān qǐ
鹤的嘴又尖又长，端起
pán zi tāng jiù cóng zuǐ jiǎo wǎng xià
盘子汤就从嘴角往下
liú zěn me yě hē bú dào
流，怎么也喝不到。

kàn zhe hú li xìng zāi lè huò
看着狐狸幸灾乐祸
de yàng zi hè qì hū hū de huí
的样子，鹤气呼呼地回
jiā le yí lù shang hè pán suan
家了。一路上，鹤盘算
zhe gǎi tiān wǒ qǐng nǐ chī fàn
着：改天我请你吃饭，
nǐ děng zhe qiáo ba
你等着瞧吧。

guò le jǐ tiān hè xiàng hú li tí chū yāo
过了几天，鹤向狐狸提出邀
qǐng hú li dà gē jīn tiān wǒ qǐng kè lái
请：“狐狸大哥，今天我请客，来
wǒ jiā chī fàn yí dìng yào zǎo dào o hú li
我家吃饭，一定要早到哦！”狐狸
kě gāo xìng le zhǔn bèi bǎo cān yí dùn
可高兴了，准备饱餐一顿。

hú li dào le hè jiā
狐狸到了鹤家，
fā xiàn wū zi li chōng mǎn
发现屋子里充满
le yòu rén de xiāng wèi shì
了诱人的香味：“是
ròu ma wǒ zuì ài chī zhè
肉吗？我最爱吃这
ge la hú li zuò zài
个啦！”狐狸坐在
cān zhuō páng wèn chú fáng li
餐桌旁问厨房里
de hè lǎo dì
的鹤老弟。

zhǐ jiàn hè cóng chú fáng li duān
只见鹤从厨房里端
lái liǎng gè yòu xì yòu cháng de píng
来两个又细又长的瓶
zi píng zi li zhuāng zhe měi wèi de
子，瓶子里装着美味的
ròu wán hè kè qi de shuō wǒ
肉丸。鹤客气地说：“我
zhè jí pǐn wǔ cān wèi dào jí měi
这极品午餐味道极美，
fàng kāi chī ba
放开吃吧。”

kě shì píng kǒu tài xiǎo
可是瓶口太小，
hú li zěn me dōu chī bú dào píng li de ròu
狐狸怎么都吃不到瓶里的肉
wán zhǐ hǎo wú nài de róu zhe kōng kōng de dù
丸，只好无奈地揉着空空的肚
zi dā la zhe nǎo dai yǎn zhēngzhēng de kàn
子，耷拉着脑袋，眼睁睁地看
zhe hè bǎ píng zi li de ròu wán chī guāng le
着鹤把瓶子里的肉丸吃光了。

蚂蚁和蝈蝈

yán rè de xià tiān huǒ là là de tài yáng zhì kǎo zhe dà
炎热的夏天，火辣辣的太阳炙烤着大
dì yì tiáo wān qū de xiǎo lù shang yì qún mǎ yǐ zhèng zài bān
地，一条弯曲的小路上，一群蚂蚁正在搬
yùn shí wù tā men lèi de mǎn tóu dà hàn yě bù tíng xiē
运食物，他们累得满头大汗也不停歇。

lù biān liángshuǎng de shù yīn li yì zhī guō guo zhèng yōu xián de chàng zhe gē tā
路边凉爽的树荫里，一只蝈蝈正悠闲地唱着歌。他
jué de mǎ yǐ tài xīn kǔ le zhěng tiān máng lù zhe yì diǎn dōu bù dǒng de xiǎng shòu
觉得蚂蚁太辛苦了，整天忙碌着，一点都不懂得享受。
guō guo kàn bú xià qù le wèn dào nǐ men yě bù xián lèi pǎo lái pǎo qù
蝈蝈看不下去了，问道：“你们也不嫌累，跑来跑去
de lián wǒ dōu kàn de tóu yūn le bān nà me duō shí wù gàn má ne
的，连我都看得头晕了，搬那么多食物干吗呢？”

mǎ yǐ biān zǒu biān huí dá shuō
蚂蚁边走边回答说：
wǒ men zài xià jì li xīn kǔ láo
“我们在夏季里辛苦劳
zuò wèi de shì dōng jì li yǒu zú gòu
作，为的是冬季里有足够
de liáng shi
的粮食。”

guō guo qí guài de shuō dōng
蝈蝈奇怪地说：“冬
jì de liáng shi xiàn zài jiù zhǔn bèi
季的粮食现在就准备？
dōng tiān hái zǎo zhe ne hái shi hǎo
冬天还早着呢！还是好
hāo xiū xi ba bié máng le
好休息吧，别忙了。”

mǎ yǐ tīng le yǔ zhòng xīn cháng de shuō děng dōng tiān dào le dà xuě fēn fēi
蚂蚁听了，语重心长地说：“等冬天到了，大雪纷飞，
zài zhǎo shí wù jiù lái bu jí le wǒ men děi zuò cháng yuǎn dǎ suàn bù rán dōng tiān huì
再找食物就来不及了。我们得作长远打算，不然冬天会
ái è de
挨饿的。”

guō guo mù sòng zhe mǎ yǐ men zǒu yuǎn
蝈蝈目送着蚂蚁们走远，
xīn li hái zài dí gu zhe wǒ cái bù dān
心里还在嘀咕着：“我才不担
xīn ne yòu jì xù chàng zhe gē
心呢！”又继续唱着歌。

jiù zhè yàng guō guo wán zhe shuì zhe yì zhuǎn yǎn jiù dào le dōng tiān yì cháng dà
就这样，蝈蝈玩着，睡着，一转眼就到了冬天。一场大
xuě guò hòu dà dì bái mángmáng de yí piàn guō guo zài yě zhǎo bú dào shí wù le
雪过后，大地白茫茫的一片，蝈蝈再也找不到食物了。

guō guo xiǎng qǐ le mǎ yǐ tā xiǎng dào mǎ yǐ nà er jiè diǎn liáng shi jiù lái dào
蝈蝈想起了蚂蚁，他想到蚂蚁那儿借点粮食，就来到
mǎ yǐ jiā mén qián zhōng qiú dào jiù jiu wǒ ba mǎ yǐ dà gē wǒ kuài yào è sǐ le
蚂蚁家门前，衷求道：“救救我吧，蚂蚁大哥，我快要饿死了。”

mǎ yǐ jiàn shì guō guo zài hǎn lěng
蚂蚁见是蝈蝈在喊，冷
xiào zhe shuō nǐ xiàn zài kě yǐ qù chàng
笑着说："你现在可以去唱
gē a bù láo dòng de rén yǒng yuǎn dé
歌啊！不劳动的人永远得
bú dào shí wù shuō wán pēng de yì
不到食物。"说完"砰"的一
shēng guān shàng le mén
声关上了门。

吹牛运动员

cóng qián yǒu gè tiào gāo yùn dòng yuán bǐ sài shí bù jǐn jì
从前有个跳高运动员，比赛时不仅技
shù bù hǎo hái quē fá yǒng qì yīn cǐ cháng shòu dào rén men de
术不好，还缺乏勇气，因此常受到人们的
zhǐ zé yí qì zhī xià tā wài chū lǚ xíng le
指责。一气之下他外出旅行了。

1

guò le xiē rì zi zhè wèi yùn dòng yuán huí lái le tā
过了些日子，这位运动员回来了，他
xiàng rén men dà sì chuī xū wǒ gào su nǐ men wǒ zài hěn
向人们大肆吹嘘：“我告诉你们，我在很
duō chéng shì cān jiā le bǐ sài jì shù fā huī tè bié hǎo
多城市参加了比赛，技术发挥特别好，
ná le hǎo duō jiǎng pái ne
拿了好多奖牌呢！”

zhè shí yǒu gè tīng guàn tā chuī niú de rén bù xiāng xìn
这时，有个听惯他吹牛的人，不相信
de wèn dào zhè shì zhēn de ma zhè hái néng yǒu jiǎ
地问道：“这是真的吗？”“这还能有假，
nà xiē kàn guò wǒ bǐ sài de rén dōu néng wèi wǒ zuò zhèng
那些看过我比赛的人，都能为我作证。”
chuī niú rén biàn jiě zhe
吹牛人辩解着。

yí wèi lǎo rén zhàn chū lái shuō wèi péng
一位老人站出来，说：“喂，朋
you rú guǒ zhè yí qiè shì zhēn de gēn běn bù xū
友，如果这一切是真的，根本不需
yào zhèng míng qǐng nǐ bǎ zhè li dàng zuò bǐ sài xiàn
要证明，请你把这里当做比赛现
chǎng tiào ba
场，跳吧！”

chuī niú yùn dòng yuán tīng bà yì shēng
吹牛运动员听罢，一声
bù kēng shí fēn gān gà
不吭，十分尴尬。

蚂蚁与鸽子

sēn lín de yì tóu zhù zhe yì zhī yǒng gǎn de xiǎo mǎ yǐ yì
森林的一头住着一只勇敢的小蚂蚁。一

tiān xiǎo mǎ yǐ jué dìng mào xiǎn dào sēn lín nà tóu qù lǚ xíng
天，小蚂蚁决定冒险到森林那头去旅行。

mǎ yǐ yán tú xīn shǎng le hǎo duō měi jǐng jué de yǒu xiē kě
蚂蚁沿途欣赏了好多美景，觉得有些渴
le tā kàn jiàn qián miàn yǒu gè chí táng jiù gǎn kuài pǎo guò qù zhǎo
了，他看见前面有个池塘，就赶快跑过去找
shuǐ hē kě yí bù xiǎo xīn huá dào le shuǐ li
水喝，可一不小心滑到了水里。

jiù mìng a mǎ yǐ yì shí huāng le shǒu jiǎo chí táng biān de dà shù shang

“救命啊……”蚂蚁一时慌了手脚。池塘边的大树上

yǒu zhī gē zi tā tīng dào qiú jiù shēng yě jí de tuán tuán zhuàn

有只鸽子，他听到求救声，也急得团团转。

zhèng zài wēi jí shí kè gē zi líng jī yí dòng cóng shù shang zhāi xià yí piàn shù yè diū gěi mǎ yǐ jiào dào kuài diǎn zhuā zhù shù yè pá shàng lái

正在危急时刻，鸽子灵机一动，从树上摘下一片树叶，丢给蚂蚁，叫道：“快点抓住树叶爬上来！”

mǎ yǐ dé jiù le tā gǎn jī
蚂蚁得救了，他感激
de duì gē zi shuō gē zi xiān sheng
地对鸽子说：“鸽子先生，
xiè xie nǐ jiù le wǒ de mìng wǒ yǐ
谢谢你救了我的命，我以
hòu yí dìng yào hǎo hāo bào dá nǐ de
后一定要好好报答你的
jiù mìng zhī ēn
救命之恩！”

gē zi xiào xiao shuō bú yòng xiè le yǐ
鸽子笑笑说："不用谢了，以
hòu yí dìng yào zhù yì ān quán a mǎ yǐ yòu
后一定要注意安全啊！"蚂蚁又
jì xù lǚ xíng le zhè yí cì lǚ xíng mǎ yǐ
继续旅行了。这一次旅行蚂蚁
kàn dào le hǎo duō xīn xiān shì wù
看到了好多新鲜事物。

zhè yì tiān mǎ yǐ zhǔn bèi huí jiā le lù
这一天，蚂蚁准备回家了。路
shang mǎ yǐ jīng guò gē zi xiān sheng de jiā shí zhǔn bèi
上，蚂蚁经过鸽子先生的家时，准备
xiàng gē zi xiān sheng bài xiè dàn jiàn gē zi zài shuì
向鸽子先生拜谢。但见鸽子在睡
jiào yú shì jiù zài shù xià děng zhe
觉，于是就在树下等着。

hū rán yí gè liè rén chū xiàn le tā jiàn shù
忽然，一个猎人出现了，他见树
shang de gē zi zhèng zài shú shuì jiù tāo chū liè qiāng xiàng
上的鸽子正在熟睡，就掏出猎枪向
gē zi miáo zhǔn mǎ yǐ huāng le gǎn kuài pá shàng qián
鸽子瞄准。蚂蚁慌了，赶快爬上前，
zhāng kāi zuǐ cháo liè rén de jiǎo zhǐ hěn hěn yǎo qù
张开嘴，朝猎人的脚趾狠狠咬去。

liè rén gǎn dào yí zhèn jù tòng shēn zi
猎人感到一阵剧痛，身子
yí huàng dǎ chū qù de zǐ dàn piān lí le
一晃，打出去的子弹偏离了
fāng xiàng mǎ yǐ dà shēng hǎn gē zi
方向。蚂蚁大声喊：“鸽子，
kuài pǎo kuài pǎo gē zi lì jí zhǎn
快跑，快跑……”鸽子立即展
chì fēi zǒu le
翅飞走了。

dài liè rén zǒu hòu gē zi fēi huí lái
待猎人走后，鸽子飞回来，
duì mǎ yǐ shuō duō xiè nǐ de jiù mìng zhī
对蚂蚁说：“多谢你的救命之
ēn nǐ de yǒng gǎn hé jī zhì jiù le wǒ
恩，你的勇敢和机智救了我。”
mǎ yǐ gāo xìng de shuō wǒ zhōng yú néng gòu
蚂蚁高兴地说：“我终于能够
bào dá nǐ le
报答你了。”

城里老鼠和乡下老鼠

chéng li lǎo shǔ hé xiāng xia lǎo shǔ shì qīn qī zhè yì nián xiāng xia
城里老鼠和乡下老鼠是亲戚。这一年，乡下
liáng shi dà fēng shōu xiāng xia shǔ qǐng chéng li shǔ qù jiā li zuò kè chéng li
粮食大丰收，乡下鼠请城里鼠去家里做客。城里
shǔ chuān shàng xiǎo xī fú jiù chū fā le
鼠穿上小西服就出发了。

dào le xiāng xia shǔ jiā chéng li shǔ kàn dào tā zhù de fáng zi yòu pò yòu xiǎo chī
到了乡下鼠家，城里鼠看到他住的房子又破又小，吃
de zhǐ shì xiē huā shēng yù mǐ hé dào gǔ jiù shuō
的只是些花生、玉米和稻谷，就说：
nǐ hái shi qù wǒ nà er ba wǒ
“你还是去我那儿吧，我
nà er hǎo chī de dōng xi kě duō la
那儿好吃的东西可多啦！”

xiāng xia shǔ yě què shí xiǎng jiàn
乡下鼠也确实想见
shi yí xià wài miàn de shì jiè jiù
识一下外面的世界，就
suí zhe chéng li shǔ jìn chéng le
随着城里鼠进城了。
wā dào chù dōu shì gāo lóu dà
“哇！到处都是高楼大
shà a xiāng xia shǔ bù yóu de
厦啊！”乡下鼠不由得
kàn dāi le
看呆了。

chéng li shǔ yí dào jiā jiù máng gè bù tíng ná chū hóng
城里鼠一到家就忙个不停。拿出红
zǎo gān lào guǒ zi děng hǎo duō hǎo chī de
枣、干酪、果子等好多好吃的。
xiāng xia shǔ jiàn dào zhè me duō hǎo chī de gǎn
乡下鼠见到这么多好吃的，感
tàn dào wǒ zhen shì bù rú nǐ a
叹道：“我真是不如你啊！”

tā men zhèng yào dà chī yí dùn, mén "zhī" de yì shēng
他们正要大吃一顿，门“吱”的一声
xiǎng, yǒu rén jìn lái le。 jǐng jué de chéng li shǔ yì tīng
响，有人进来了。警觉的城里鼠一听
shēng xiǎng, lián máng lā zhe xiāng xia shǔ zuān jìn shǔ dòng, lián dà
声响，连忙拉着乡下鼠钻进鼠洞，连大
qì dōu bù gǎn chū。
气都不敢出。

guò le yí huì er, zhōng yú méi le dòng jing。 chéng li
过了一会儿，终于没了动静。城里
shǔ xiǎng qù ná kuài nǎi lào, yú shì tōu tōu mō le chū lái,
鼠想去拿块奶酪，于是偷偷摸了出来，
xiāng xia shǔ gēn zài hòu miàn, yí bù xiǎo xīn tā pèng dǎo le
乡下鼠跟在后面，一不小心他碰倒了
qiáng jiǎo de huā píng。 tīng dào xiǎng shēng, yǒu rén mǎ shàng dǎ
墙角的花瓶。听到响声，有人马上打
kāi fáng mén, tā liǎ yòu zuān jìn dòng li。
开房门，他俩又钻进洞里。

zhàn zài yì biān de xiāng xia shǔ xià de
站在一边的乡下鼠吓得
zhí duō suo gù bu shàng è le dǎn zhàn
直哆嗦，顾不上饿了，胆战
xīn jīng de duì chéng li shǔ shuō wǒ hái
心惊地对城里鼠说：“我还
shi huí xiāng xia guò pín qióng dàn zì yóu zì zài
是回乡下过贫穷但自由自在
de rì zi ba
的日子吧！”

捕鸟人和毒蛇

sēn lín li yǒu yí gè yǐ bǔ niǎo wéi shēng de rén
森林里有一个以捕鸟为生的人，
tā chénggōng de bǔ dào guo bù shǎo zhēn xī de niǎo lèi fā
他成功地捕到过不少珍稀的鸟类，发
le yì diǎn xiǎo cái
了一点小财。

zhè tiān bǔ niǎo rén yòu lái dào shēn
这天，捕鸟人又来到深
shān li kàn jiàn yì kē shù shang tíng zhe yì
山里，看见一棵树上停着一
zhī piào liang de huà méi jiù zài shù xià qiāo
只漂亮的画眉，就在树下悄
qiāo zuò hǎo le zhǔn bèi quán shén guàn zhù de
悄做好了准备，全神贯注地
dīng zhe zhī tóu shang de huà méi
盯着枝头上的画眉。

bǔ niǎo rén de wǎng qiāo qiāo de huǎn
捕鸟人的网悄悄地、缓
huǎn de xiàng zhè zhī niǎo er jiē jìn wēi xiǎn
缓地向这只鸟儿接近，危险
jí jiāng jiàng lín dào zhè zhī kě ài de niǎo
即将降临到这只可爱的鸟
er shēn shang
儿身上。

jiù zài zhè wēi jí shí kè
就在这危急时刻，
bǔ niǎo rén de jiǎo cǎi dào le yì
捕鸟人的脚踩到了一
tiáo cóng dōng mián zhōng gāng gāng xǐng guò
条从冬眠中刚刚醒过
lái de dú shé
来的毒蛇。

dú shé tái qǐ tóu cháo bǔ niǎo rén de jiǎo hěn
毒蛇抬起头，朝捕鸟人的脚狠
hěn de yǎo le yì kǒu bǔ niǎo rén de wǎng yǎn kàn
狠地咬了一口。捕鸟人的网眼看
jiù yào gòu zháo nà zhī niǎo er le tū rán yí zhèn
就要够着那只鸟儿了。突然一阵
jù tòng cóng jiǎo shang chuán biàn quán shēn
剧痛从脚上传遍全身。

bǔ niǎo rén yí pì gu zuò zài dì shang wǎng yě
捕鸟人一屁股坐在地上，网也
cóng shǒu zhōng huá luò le jù dú hěn kuài kuò sàn dào
从手中滑落了。巨毒很快扩散到
tā de quán shēn tā duàn qì le
他的全身，他断气了。

狐狸与山羊

yì zhī hú li zài tián yě li dào chù mì shí tiān hēi de shí hou yí bù xiǎo xīn
一只狐狸在田野里到处觅食，天黑的时候，一不小心
tā diào jìn le yì kǒu jǐng li jǐng yòu shēn yòu huá tā fèi le jiǔ niú èr hǔ zhī lì
他掉进了一口井里。井又深又滑，他费了九牛二虎之力
yě méi bàn fǎ pá shàng lái
也没办法爬上来。

guò le hěn cháng shí jiān
过了很长时间，
yì zhī kǒu kě le de shān yáng lái
一只口渴了的山羊来
dào jǐng biān kàn jiàn lǐ miàn yǒu
到井边，看见里面有
yì zhī hú li biàn wèn dào
一只狐狸，便问道：
hú li xiān sheng zhè jǐng li
“狐狸先生，这井里
de shuǐ hǎo bu hǎo hē ya
的水好不好喝呀？”

hú li yí jiàn shān yáng lái le mǎ shàng yǒu le zhǔ yi tā shuō jǐng li de
狐狸一见山羊来了，马上有了主意。他说：“井里的
shuǐ jiǎn zhí tài hǎo hē le shān yáng kǒu kě nán rěn yì tīng hú li zhè me shuō jiù
水简直太好喝了！”山羊口渴难忍，一听狐狸这么说，就
bù jiǎ sī suǒ de tiào le xià qù
不假思索地跳了下去。

shān yáng dà kǒu dà kǒu de hē le gè tòng kuài hòu cái fā
山羊大口大口地喝了个痛快后，才发
xiàn méi yǒu bàn fǎ shàng qù le hú li jiàn cǐ jī huì biàn duì
现没有办法上去了。狐狸见此机会便对
shān yáng shuō wǒ yǒu bàn fǎ shàng qù
山羊说：“我有办法上去。”

hú li jiē zhe shuō nǐ bǎ qián jiǎo bā zài jǐng bì shang
狐狸接着说：“你把前脚扒在井壁上，
zài bǎ jiǎo tái gāo wǒ cóng nǐ de hòu bèi pá shàng qù rán
再把角抬高。我从你的后背爬上去，然
hòu zài jiù nǐ chū lái
后再救你出来。”

shān yáng tóng yì le hú li de jiàn
山羊同意了狐狸的建
yì hú li cǎi zhe shān yáng de hòu bèi
议，狐狸踩着山羊的后背，
zài tā de jiǎo shang yòng lì yí tiào zhēn
在他的角上用力一跳，真
de tiào chū le jǐng kǒu
的跳出了井口。

hú li shàng qù yǐ hòu gēn běn bù
狐狸上去以后，根本不
guǎn shān yáng tóu yě bù huí de zǒu le
管山羊，头也不回地走了。
shān yáng dà mà hú li bù shǒu xìn yòng
山羊大骂狐狸不守信用，
wéi bèi nuò yán kě shì yí qiè dōu wú
违背诺言，可是一切都无
jì yú shì le
济于事了。

牧羊人和野山羊

xuě fēn fēn yáng yáng de xià zhe yǐ
雪纷纷扬扬地下着，已
jīng jī le yì chǐ hòu dào lù dōu bèi fēng
经积了一尺厚，道路都被封
suǒ le mù yáng rén
锁了。牧羊人
hé tā de yáng qún huí
和他的羊群回
bù liǎo jiā zhǐ hǎo zàn
不了家，只好暂
shí dài zhe yáng qún zài
时带着羊群在
shān dòng li bì fēng xuě
山洞里避风雪。

shān dòng hěn dà mù yáng rén
山洞很大，牧羊人
gāng bǎ yáng qún ān dùn hǎo hū
刚把羊群安顿好，忽
rán fā xiàn dòng shēn chù hái yǒu yì
然发现洞深处还有一
qún yě shān yáng
群野山羊。

mù yáng rén yòu jīng
牧羊人又惊
yòu xǐ xīn li pán suan
又喜，心里盘算
zhe rú guǒ wǒ néng bǎ
着：如果我能把
zhè xiē yě shān yáng yì qǐ
这些野山羊一起
dài huí jiā jiù kě yǐ
带回家，就可以
qù jí shì shang mài gè hǎo
去集市上卖个好
jià qián le
价钱了。

mù yáng rén zhè me dǎ suàn zhe jiù ràng tā zì
牧羊人这么打算着，就让他自
jǐ de yáng qún shuì zài dòng kǒu yǒu fēng de dì fang
己的羊群睡在洞口有风的地方，
ér bǎ yě shān yáng xiàng lǐ gǎn le gǎn ràng tā men
而把野山羊向里赶了赶，让它们
shuì de nuǎn huo xiē
睡得暖和些。

xuě yì zhí xià zhe mù yáng rén chèn cǐ jī huì yòng
雪一直下着，牧羊人趁此机会用
gè zhǒng bàn fǎ lǒng luò yě shān yáng cǎo liào gěi yě shān
各种办法笼络野山羊。草料给野山
yáng yí dà bàn shèn zhì lián zì jǐ chī de nǎi lào yě fēn
羊一大半，甚至连自己吃的奶酪也分
gěi le yě shān yáng
给了野山羊。

kě yě shān yáng zǒng shì duì mù
可野山羊总是对牧
yáng rén bǎo chí jǐng tì bù gǎn lí
羊人保持警惕，不敢离
tā tài jìn jǐ tiān guò qù le bào
他太近。几天过去了，暴
fēng xuě zhōng yú tíng le mù yáng rén
风雪终于停了。牧羊人
zhǔn bèi bǎ suǒ yǒu de yáng gǎn chū dòng
准备把所有的羊赶出洞，
xià shān huí jiā
下山回家。

kě yě shān yáng yì chū
可野山羊一出
dòng biàn sì chù luàn cuàn mù
洞便四处乱窜。牧
yáng rén jí de zài hòu miàn dà
羊人急得在后面大
shēng hǎn bǎo bèi bié luàn
声喊：“宝贝，别乱
pǎo wǒ huì zhào gù nǐ men
跑！我会照顾你们
de
的！”

méi yí huì er yě
没一会儿，野
shān yáng dōu pǎo de méi yǐng
山羊都跑得没影
le mù yáng rén jǔ sàng de
了。牧羊人沮丧地
huí lái zhǎo zì jǐ de yáng qún
回来找自己的羊群。

tiān a wǒ de yáng gāo a
"天啊！我的羊羔啊！"
mù yáng rén shī shēng tòng kū qǐ lái yuán
牧羊人失声痛哭起来。原
lái tā zì jǐ de yáng jǐ tiān chī bù
来他自己的羊几天吃不
bǎo shuì bù hǎo dōu sǐ le
饱，睡不好，都死了。

聪明的小绵羊

yì zhī dà huī láng yì zhěng tiān dōu méi yǒu zhǎo dào shí wù dù zi è de
一只大灰狼一整天都没有找到食物，肚子饿得
gū gū zhí jiào
咕咕直叫。

zhè shí shān pō shang yì zhī guà zhe líng dang de xiǎo
这时，山坡上一只挂着铃铛的小
mián yáng cóng yáng qún li tōu tōu liū dào cǎo dì shang wán shuǎ
绵羊从羊群里偷偷溜到草地上玩耍。
xiǎo mián yáng wán de rù mí biān wán biān chī zhe xiān nèn
小绵羊玩得入迷，边玩边吃着鲜嫩
kě kǒu de qīng cǎo bù kěn huí jiā
可口的青草，不肯回家。

bù qiǎo zhè yí qiè dōu bèi dà huī láng kàn jiàn le tā xīn xiǎng
不巧，这一切都被大灰狼看见了，他心想：
rèn nǐ zài kě ài jīn tiān yù shàng wǒ lǎo
任你再可爱，今天遇上我老
láng chī dìng nǐ le dà huī láng qiāo qiāo
狼，吃定你了。大灰狼悄悄
dc xiàng xiǎo mián yáng kào jìn
地向小绵羊靠近。

xiǎo mián yáng méi yǒu yì shí dào wēi xiǎn
小绵羊没有意识到危险
zhèng qiāo qiāo lái lín hái zài xìng gāo cǎi liè
正悄悄来临，还在兴高采烈
de shǒu wǔ zú dǎo ne dà huī láng chèn
地手舞足蹈呢。大灰狼趁
jī měng de pū xiàng xiǎo mián yáng
机猛地扑向小绵羊。

小绵羊被大灰狼抓住，动弹不了，但他立刻想出了一个办法，他对大灰狼说：“狼先生，羊肉不是这样吃的，想知道羊肉怎样吃更美味吗？”

láng yì tīng jiù wèn xiǎo mián yáng nǐ zhè xiǎo dōng xi kuài shuō lái tīng ting
狼一听，就问小绵羊：“你这小东西，快说来听听。”
xiǎo mián yáng zhī dào láng shàng dàng le pāi zhe dù pí shuō jīn tiān wǒ chī le hěn duō
小绵羊知道狼上当了，拍着肚皮说：“今天，我吃了很多
qīng cǎo rú guǒ ràng wǒ yùn dòng yí xià ròu cái xiāng ne
青草，如果让我运动一下，肉才香呢！”

nà yào zěn me yùn dòng ne láng
“那要怎么运动呢？”狼
lián máng wèn dào láng xiān sheng wǒ tiào
连忙问道。“狼先生，我跳
wǔ nǐ yòng líng dang gěi wǒ dǎ pāi zi
舞，你用铃铛给我打拍子
ba shuō zhe xiǎo mián yáng bǎ líng dang
吧！”说着，小绵羊把铃铛
ná xià lái dì gěi dà huī láng
拿下来递给大灰狼。

xiǎo mián yáng biān wǔ biān shuō láng xiān sheng zài
小绵羊边舞边说："狼先生，再
yáo kuài diǎn wǒ tiào de yuè kuài ròu cái néng biàn de
摇快点，我跳得越快，肉才能变得
gèng xiān nèn wèi dào cái gèng hǎo li
更鲜嫩，味道才更好哩！"

yú shì dà huī láng shǐ chū chī nǎi de lì
于是，大灰狼使出吃奶的力
qi pīn mìng yáo dòng líng dang líng shēng chuán dào
气，拼命摇动铃铛。铃声传到
le mù yáng rén de ěr duo li tā jí máng dài
了牧羊人的耳朵里，他急忙带
zhe jǐ zhī mù yáng quǎn xún shēng pǎo lái
着几只牧羊犬寻声跑来。

jǐ zhī mù yáng quǎn tóng shí pū xiàng dà huī láng yí huì er dà huī láng jiù bèi yǎo
几只牧羊犬同时扑向大灰狼，一会儿大灰狼就被咬
de biàn tǐ lín shāng huī liū liū de táo zǒu le
得遍体鳞伤，灰溜溜地逃走了。

农夫与壁虎

yí wèi nóng fū zhèng zài yuàn zi li gàn huó er kàn jiàn yì tiáo shé
一位农夫正在院子里干活儿，看见一条“蛇”
zài dì shang pá xiǎng qǐ qù nián bèi shé yǎo shāng de shì nóng fū jiù qì
在地上爬。想起去年被蛇咬伤的事农夫就气
bù dǎ yí chù lái
不打一处来。

农夫悄悄地抓了根棍子向“蛇”打去。那条“蛇”见状，立刻往上爬。农夫气呼呼地喊着：“你这恶毒的东西，今天非捉住你不可！”

nà shé wú nài de shuō nǐ nòng cuò le wǒ bú
那“蛇”无奈地说：“你弄错了，我不
shì shé wǒ shì yì zhī bì hǔ ya nǐ hái xiǎng piàn
是蛇！我是一只壁虎呀！”“你还想骗
wǒ zhǎng de nà me xiàng shé yě bú shì shén me hǎo dōng xi
我！长得那么像蛇，也不是什么好东西。”
nóng fū hè dào
农夫喝道。

bì hǔ nài xīn jiě shì dào méi cuò
壁虎耐心解释道："没错，
wǒ men shì zhǎng de hěn xiàng dàn wǒ cóng lái bù
我们是长得很像，但我从来不
shāng hài bié rén ya zhèng zài zhēng lùn bú xià
伤害别人呀。"正在争论不下
shí yì zhī dà wén zi luò dào le nóng fū de
时，一只大蚊子落到了农夫的
liǎn shang
脸上。

nóng fū zhèng zài qì tóu shang
农夫正在气头上，
wén zi yòu pǎo lái zhuō nòng tā
蚊子又跑来捉弄他，
tā jiù shùn shǒu gǎn zǒu le wén zi
他就顺手赶走了蚊子。
bì hǔ jiàn wén zi fēi guò lái le
壁虎见蚊子飞过来了，
shēn cháng shé tou yì juǎn jiù jiāng
伸长舌头一卷，就将
wén zi tūn xià le
蚊子吞下了。

nóng fū jiàn zhè ge zhǎng de xiàng shé de dōng xi
农夫见这个长得像蛇的东西
huì chī wén zi zhè cái xiāng xìn tā shuō de huà
会吃蚊子，这才相信它说的话，
xiū kuì de mō zhe tóu fàng zǒu le bì hǔ
羞愧地摸着头，放走了壁虎。

烧炭人和漂布人

cóng qián yǒu yí gè hěn chū sè de piǎo bù rén tā piǎo chū de bù
从前，有一个很出色的漂布人，他漂出的布
yán sè jūn yún ér qiě bù róng yì tuì sè yóu qí shì piǎo chū de bái
颜色均匀，而且不容易褪色。尤其是漂出的白
bù bái de nǐ dōu bù rěn xīn yòng shǒu zhí jiē qù chù mō
布，白得你都不忍心用手直接去触摸。

yì tiān piǎo bù rén de
一天，漂布人的
qīn qī lái zhǎo tā zhè ge shāo
亲戚来找他，这个烧
tàn de qīn qi shuō xiōng di
炭的亲戚说：“兄弟，
zán men shì yì jiā rén yīng gāi
咱们是一家人，应该
hù xiāng zhào ying zhù zài yì qǐ
互相照应，住在一起，
duì ba
对吧？”

piǎo bù rén jué de zhù zài yì qǐ hǎo kě yǐ shěng xià yì bàn de fáng zū yú shì
漂布人觉得住在一起好，可以省下一半的房租，于是
jiù dā ying le shuō zhe xiōng dì liǎ xǐ xi shǒu zhǔn bèi chī fàn
就答应了。说着兄弟俩洗洗手准备吃饭。

shāo tàn rén xǐ wán shǒu pén li de shuǐ biàn de hēi hēi de tā bù hǎo yì si
烧炭人洗完手，盆里的水变得黑黑的，他不好意思
de shuō wǒ hún shēn dōu shì hēi de bǐ bú shàng nǐ piǎo bù gān jìng hē hē
地说：“我浑身都是黑的，比不上你漂布干净，呵呵。”

piǎo bù rén ná lái yí kuài bái bù bǎ shāo tàn rén de xǐ shǒu shuǐ dào zài bái bù
漂布人拿来一块白布，把烧炭人的洗手水倒在白布
shang shāo tàn rén kàn jiàn piǎo bái de bù yòu biàn hēi le
上。烧炭人看见漂白的布又变黑了。

piǎo bù rén yáo yao tóu shuō
漂布人摇摇头说：
kǒng pà zán liǎ méi fǎ zhù zài yì
“恐怕咱俩没法住在一
qǐ le bú shì wǒ bú yuàn yì gēn
起了，不是我不愿意跟
nǐ yì qǐ shēng huó shāo tàn rén
你一起生活。”烧炭人
kàn le kàn biàn hēi de bù zhǐ hǎo
看了看变黑的布，只好
fàng qì le zhè ge jì huà
放弃了这个计划。

piǎo bù rén xiào dào xiōng dì zhī jiān de gǎn qíng hǎo huài bìng bù yí dìng
漂布人笑道：“兄弟之间的感情好坏并不一定
yào kàn shì bu shì zhù zài yì qǐ bǎo chí shì dàng de jù lí cái néng zhēn zhèng
要看是不是住在一起。保持适当的距离才能真正
chéng wéi hǎo xiōng dì a
成为好兄弟啊！”

农夫和鹰

nóng fū zhèng zài tián li chú dì tīng dào bù yuǎn chù yǒu tí jiào shēng tái tóu yí
农夫正在田里锄地，听到不远处有啼叫声。抬头一
kàn yuán lái shì yì zhī yīng bèi bǔ shòu jiā jiā zhù le
看，原来是一只鹰被捕兽夹夹住了。

nóng fū máng fàng xià shǒu zhōng de chú tou pǎo guò qù bāi kāi jiā zi jiàn yīng shí
农夫忙放下手中的锄头，跑过去掰开夹子，见鹰十
fēn měi lì biàn pěng zài shǒu xīn fēi cháng téng ài de mō le mō bǎ tā fàng shēng le
分美丽，便捧在手心非常疼爱地摸了摸，把它放生了。

nà yīng zài nóng fū tóu dǐng shàng kōng
那鹰在农夫头顶上空
pán xuán zhe jiǔ jiǔ bù kěn lí qù
盘旋着，久久不肯离去，
hǎo xiàng zài gǎn xiè nóng fū de jiù mìng
好像在感谢农夫的救命
zhī ēn
之恩。

yì tiān nóng fū gàn huó lèi le zuò zài yí miàn qiáng xià chéng liáng yīng fēi guò lái
一天，农夫干活累了，坐在一面墙下乘凉。鹰飞过来
xián zǒu le nóng fū de mào zi nóng fū zhuī guò qù méi duō yuǎn yīng yòu bǎ mào zi huán
衔走了农夫的帽子。农夫追过去没多远，鹰又把帽子还
gěi le tā
给了他。

dāng tā ná zhe mào zi huí dào qiáng jiǎo shí fā xiàn gāng cái zuò zhe chéng
当他拿着帽子回到墙角时，发现刚才坐着乘
liáng de nà piàn qiáng yǐ jīng dǎo tā ·le
凉的那片墙已经倒塌了。

nóng fū shí fēn dòng qíng de shuō shì nà měi lì de yīng jiù le wǒ de xìng mìng a
农夫十分动情地说："是那美丽的鹰救了我的性命啊！"

骡子和强盗

yì tiān zhǔ rén dài zhe liǎng pǐ mǎn zài zhe xíng li
一天，主人带着两匹满载着行李
de luó zi zài huāng liáng de lù shang cháng tú bá shè yì
的骡子，在荒凉的路上长途跋涉。一
pǐ luó zi tuó zhe zhuāng mǎn cái bǎo de xiāng zi lìng yì pǐ
匹骡子驮着装满财宝的箱子，另一匹
tuó zhe zhuāng mǎn gǔ wù de má dài
驮着装满谷物的麻袋。

tuó zhe cái bǎo de
驮着财宝的
luó zi hǎo xiàng zhī dào zì
骡子好像知道自
jǐ dé dào le zhǔ rén de
己得到了主人的
zhòng yòng áng zhe tóu
重用，昂着头，
bú duàn de yáo zhe bó zi
不断地摇着脖子
shang de líng dang dé yì
上的铃铛，得意
jí le
极了。

ér tuó zhe gǔ wù de luó zi què yì
而驮着谷物的骡子，却一
zhí tián jìng ān xián de gēn zài hòu miàn zǒu
直恬静、安闲地跟在后面。走
zhe zǒu zhe tū rán chōng chū yì huǒ qiáng
着，走着，突然冲出一伙强
dào tā men shì chòng zhe tuó zhe cái bǎo de
盗，他们是冲着驮着财宝的
luó zi ér lái de
骡子而来的。

bó dòu zhōng zhǔ rén pīn mìng de xiǎng bǎo hù tuó zhe cái bǎo de
搏斗中，主人拼命地想保护驮着财宝的
luó zi bèi qiáng dào dǎ shāng le nà pǐ luó zi yě bèi kǎn shāng le
骡子，被强盗打伤了，那匹骡子也被砍伤了，
xiān xuè zhí liú
鲜血直流。

没一会儿，强盗七手八脚地将财宝抢劫一空。受伤的骡子哭诉它的不幸："真倒霉，强盗不但刺伤了我，还把我驮的东西抢了个精光！"

而没有被强盗注意的那匹骡子也在庆幸自己的命运：如果我不是如此平凡，恐怕也难逃此劫啊！

小蟹和母蟹

zài dà hǎi de qiǎn tān shang shēng huó zhe yì zhī mǔ xiè mǔ
在大海的浅滩上生活着一只母蟹。母
xiè pá lèi le zǒng xǐ huan guān chá qí tā hǎi yáng dòng wù zǒu lù
蟹爬累了，总喜欢观察其他海洋动物走路
de yàng zi tā kàn dào hǎi li de dòng wù dōu shì xiàng qián zǒu lù
的样子。它看到海里的动物都是向前走路，
fēi cháng xiàn mù
非常羡慕。

méi duō jiǔ, mǔ xiè shēng le yì zhī xiǎo xiè。 tā duì zì jǐ de ér zi jì yú
没多久，母蟹生了一只小蟹。它对自己的儿子寄予
hěn dà de xī wàng。 tā yào ér zi chè dǐ gǎi biàn zǔ shàng liú chuán xià lái de zǒu lù
很大的希望。它要儿子彻底改变祖上流传下来的走路
fāng shì, gǎi wéi zhí zhe xiàng qián zǒu。
方式，改为直着向前走。

xiǎo xiè bù jiě de wèn mā ma mā ma wǒ men wèi shén me yào gǎi biàn zǒu lù
小蟹不解地问妈妈：“妈妈，我们为什么要改变走路
de fāng shì ne mǔ xiè huí dá shuō wǒ men zǒu lù de yàng zi tài nán kàn le
的方式呢？”母蟹回答说：“我们走路的样子太难看了，
cháng bèi rén jia cháo xiào shì héng xíng bà dào de dōng xi
常被人家嘲笑是横行霸道的东西。”

xiǎo xiè hěn guāi yí xiàng hěn tīng
小蟹很乖，一向很听
mā ma de huà yú shì jiù zhuān xīn
妈妈的话。于是就专心
zhì zhì de xué xí zhí xíng dàn shì
致志地学习直行。但是
tā fèi le jiǔ niú èr hǔ zhī lì
它费了九牛二虎之力，
què yī rán méi yǒu jìn bù fǎn ér
却依然没有进步，反而
zǒu de bǐ yǐ qián hái yào màn
走得比以前还要慢。

guò le hǎo xiē rì zi xiǎo
过了好些日子，小
xiè jiàn jiàn shī qù le xìn xīn kě
蟹渐渐失去了信心，可
shì kàn zhe mā ma mǎn huái xī wàng de
是看着妈妈满怀希望的
yàng zi zhǐ hǎo yìng zhe tóu pí yòu
样子，只好硬着头皮又
jiān chí liàn xí le hǎo jǐ rì
坚持练习了好几日。

zhè tiān xiǎo xiè liàn de bú nài fán le duì mā ma shuō nǐ zhí xíng zǒu jǐ
这天，小蟹练得不耐烦了，对妈妈说：“你直行走几

bù wǒ kàn kan mǔ xiè yú shì mài kāi tuǐ er jiān nán de cháng shì zhe wǎng qián yí
步我看看！”母蟹于是迈开腿儿，艰难地尝试着往前移。

mǔ xiè lèi de mǎn tóu dà hàn kě hái shi zhǐ néng héng zhe zǒu xiǎo xiè kàn jiàn
母蟹累得满头大汗，可还是只能横着走。小蟹看见
le jiù shuō zhǐ yǒu nín huì zhí zhe zǒu cái néng jiāo wǒ zěn yàng zhí zǒu a
了，就说：“只有您会直着走，才能教我怎样直走啊！”

母鸡和金蛋

yí duì pín qióng de fū fù bú yuàn kào
一对贫穷的夫妇，不愿靠
láo dòng zhì fù yì tiān dào wǎn zhǐ huì xiàng
劳动致富。一天到晚只会向
shén dǎo gào qiú shén cì fú xī wàng néng guò shàng hǎo rì zi
神祷告，求神赐福，希望能过上好日子。

shén hěn wú nài， zhǐ hǎo gěi tā men yì
神很无奈，只好给他们一
zhī mǔ jī。 fū fù xīn xiǎng， mǔ jī yǒu shén
只母鸡。夫妇心想，母鸡有什
me yòng， chī yí dùn jiù méi yǒu le， míng tiān
么用，吃一顿就没有了，明天
bǎ tā shā diào suàn le。
把它杀掉算了。

dì èr tiān yì zǎo zhàng fu tí zhe dāo zhǔn bèi shā
第二天一早，丈夫提着刀准备杀
jī kuài qǐ lái kàn mǔ jī xià le yì zhī jīn dàn
鸡，“快起来看，母鸡下了一只金蛋！”
zhàng fu gāo xìng de chōng jìn wū lā zhe
丈夫高兴地冲进屋拉着
qī zi pǎo chū lái kàn
妻子跑出来看。

fū fù liǎ bǎ mǔ jī nǐ pěng yí huì er wǒ mō yí huì er gāo xìng de bù dé
夫妇俩把母鸡你捧一会儿，我摸一会儿，高兴得不得
liǎo hái gěi mǔ jī zuò le yí gè shū shì de wō gěi tā wèi zuì hǎo de shí wù
了，还给母鸡做了一个舒适的窝，给它喂最好的食物。
cǐ hòu mǔ jī měi tiān dōu gěi tā men shēng yí gè yòu
此后母鸡每天都给他们生一个又
dà yòu chén de jīn dàn
大又沉的金蛋。

kào zhe jīn dàn fū fù liǎ guò shàng le hǎo rì zi
靠着金蛋，夫妇俩过上了好日子。
mǎi le féi wò de tián dì gài qǐ le piào liang de fáng zi
买了肥沃的田地，盖起了漂亮的房子。
dàn shì tā men hái bù mǎn zú xiǎng cóng jī dù zi li bǎ
但是他们还不满足，想从鸡肚子里把
suǒ yǒu de dàn dōu tāo chū lái
所有的蛋都掏出来。

yú shì zhàng fu ná zhe dāo pōu kāi le
于是，丈夫拿着刀，剖开了
jī dù zi liǎng rén còu shàng qù yí kàn āi
鸡肚子，两人凑上去一看，哎
yā nǎ yǒu shén me jīn dàn a zhǐ yǒu yí
呀！哪有什么金蛋啊！只有一
dù zi de jī fèn
肚子的鸡粪。

cóng cǐ yǐ hòu fū fù liǎ zài yě méi yǒu
从此以后，夫妇俩再也没有
jīn dàn le lǎn duò de tā men méi guò jǐ nián jiù
金蛋了，懒惰的他们没过几年就
hào guāng le suǒ yǒu jiā chǎn yòu guò qǐ le xiàng
耗光了所有家产，又过起了像
yǐ qián nà yàng pín qióng de shēng huó
以前那样贫穷的生活。

黑 人

yí gè yǒu qián de bái rén cóng shì chǎngshang gù lái le yí
一个有钱的白人从市场上雇来了一
gè hēi rén hēi rén tǐ gé zhuàng shi huì gàn huó bái rén
个黑人，黑人体格壮实，会干活。白人
jué de gù tā hěn shí huì
觉得雇他很实惠。

hēi rén měi tiān dōu bǎ huā yuán shōu shi de jǐng jǐng yǒu tiáo
黑人每天都把花园收拾得井井有条、
gān gān jìng jìng xǐ yī zuò fàn yàng yàng dōu gàn de hěn bàng
干干净净。洗衣、做饭样样都干得很棒，
kě bái rén zǒng shì duì hēi rén
可白人总是对黑人
zuò de fàn bú tài fàng xīn jué
做的饭不太放心，觉
de bù gān jìng
得不干净。

bái rén rèn wéi hēi rén shì yīn wèi bù cháng xǐ zǎo
白人认为黑人是因为不常洗澡
cái nà me hēi de yú shì jiù mìng lìng hēi rén qù
才那么黑的。于是就命令黑人去
xǐ zǎo kě xǐ guò zhī hòu hēi rén réng rán hěn hēi
洗澡，可洗过之后，黑人仍然很黑。

bái rén jiù xùn chì hēi rén shuō
白人就训斥黑人说：
nǐ shì bu shì bǎ xǐ zǎo de shí jiān
“你是不是把洗澡的时间
dōu yòng lái shuì jiào le hēi rén jué
都用来睡觉了？”黑人觉
de hěn wěi qu rèn wéi zì jǐ yǐ jīng
得很委屈，认为自己已经
xǐ de hěn gān jìng le
洗得很干净了。

bái rén jué dìng qīn zì gěi hēi rén
白人决定亲自给黑人
xǐ zǎo kě shì wú lùn yòng shén me fāng
洗澡，可是无论用什么方
fǎ yòng le duō shao féi zào shuā le yí
法，用了多少肥皂，刷了一
biàn yòu yí biàn hēi rén réng rán yì diǎn
遍又一遍，黑人仍然一点
er yě méi biàn bái
儿也没变白。

kě shì bái rén piān bù xiāng xìn jiù
可是白人偏不相信，就
ràng hēi rén cháng qī pào zài féi zào shuǐ li
让黑人长期泡在肥皂水里，
yào tā pào dào biàn bái le cái néng chū lái
要他泡到变白了才能出来。

dào zuì hòu hēi rén de pí fū
到最后，黑人的皮肤
zì rán hái shi méi yǒu biàn bái fǎn ér
自然还是没有变白，反而
dé le shāng fēng shén me huó er yě gàn
得了伤风，什么活儿也干
bù liǎo le
不了了。